D0574753

DAVID
LIVINGSTONE

VIAJE AL CORAZÓN DE ÁFRICA

Esta edición en lengua española fue creada a partir del original de Ediciones Quartz por
Uribe y Ferrari Editores, S.A. de C.V.
Av. Reforma No. 7-403 Ciudad Brisa,
Naucalpan, Estado de México,
México, C.P. 53280
Tels. 53 64 56 70 • 53 64 56 95
correo@correodelmaestro.com

ISBN: 968 5142 27 0 (Colección)
ISBN: 968 5142 32 7 (David Livingstone)

Traducción al español: Correo del Maestro y Ediciones La Vasija con la colaboración de
Ivonne Vinay
Cuidado de la edición: Correo del Maestro y Ediciones La Vasija

Los creadores y editores de este volumen agradecen su amable autorización para usar su material de ilustración a:
Portada: imagen principal, Helen Jones/ otras imágenes Royal Geographical Society/ Pitt-Rivers Museum, Oxford;
Science and Society, Picture Library/ Bridgeman Art Library/ Stuart Brendon/ Oxford Scientific Films; Contraportada:
Royal Geographical Society/ David Livingstone Museum/ Bridgeman Art Library; 5 t Bridgeman Art Library, Royal
Geographical Society/ c, b Royal Geographical Society; 6 t Science & Society Picture Library/ c, b David Livingstone
Centre; 7 Helen Jones; 8 t Bridgeman Art Library/ c, b Royal Geographical Society; 10 Bridgeman Art Library, Royal
Geographical Society; 11 t, c Bridgeman Art Library, Royal Geographical Society/ b David Livingstone Centre; 12-13
Stuart Brendon; 14 t AKG/ c Bridgeman Art Library, Wilberforce House, Hull City Museums & Art Galleries/ b The Art
Archive; 15 t AKG/ b Bridgeman Art Library; 16 t Royal Geographical Society/ c, b AKG; 17 t AKG/ b Bridgeman Art
Library; 18 t, c Royal Geographical Society/ b Bridgeman Art Library, Royal Geographical Society; 19 t Bridgeman Art
Library, Royal Geographical Society/ b AKG; 20 Royal Geographical Society; 21 t Bridgeman Art Library/ b Pitt-
Rivers Museum; 22 t, c David Livingstone Centre/ b Bridgeman Art Library, Royal Geographical Society; 23 David
Livingstone Centre; 24 t, c Bridgeman Art Library/ b The Art Archive; 25 t The Art Archive/ c, b Royal Geographical
Society; 26 t Bridgeman Art Library, Royal Geographical Society/ b AKG; 27 t Bridgeman Art Library, Africana
Museum, Johannesburg/ c The Art Archive/ b Bridgeman Art Library, Royal Geographical Society; 28 t The Art
Archive/ c Natural History Photographic Agency/ b Royal Geographical Society; 30 t Bridgeman Art Library/ b AKG;
31 t Natural History Photographic Agency/ b Oxford Scientific Films; 32 t Royal Geographical Society/ c AKG/ b
Ancient Art & Architecture Collection; 33 t Natural History Photographic Agency/ b AKG; 34 t Royal Geographical
Society/ c The Art Archive/ b Tony Stone Images; 35 t, 36 t Royal Geographical Society/ 36 c Bridgeman Art Library,
Royal Geographical Society/ b Royal Geographical Society; 38 t David Livingstone Centre/ b AKG; 39 t David
Livingstone Centre/ b Bridgeman Art Library, Royal Geographical Society; 40 t David Livingstone Centre/ b AKG; 41 t
David Livingstone Centre/ b Bridgeman Art Library, Royal Geographical Society; 42 t Bridgeman Art Library, Natural
History Museum, London/ b Bridgeman Art Library; 43 Helen Jones
Claves: t=arriba, c=centro, b=abajo

Este libro se terminó de imprimir y encuadernar en Pressur Corporation, S.A.
C. Suiza, R.O.U., en el mes de octubre de 2004. Se imprimieron 3000 ejemplares.

GRANDES
EXPLORADORES

DAVID
LIVINGSTONE

Viaje al corazón de África

FRANCES FREEDMAN

CORREO DEL MAESTRO • EDICIONES LA VASIJA

CONTENIDO

DAVID LIVINGSTONE QUERÍA EXPLORAR ZONAS DEL TERRITORIO AFRICANO EN LAS QUE NUNCA ANTES HABÍAN ESTADO LOS EUROPEOS. ESTE ESCOCÉS DEL SIGLO XIX ESTABA DECIDIDO A DIFUNDIR EL CRISTIANISMO Y A ERRADICAR EL TRÁFICO DE ESCLAVOS.

Livingstone se las arregló para navegar en algunos de los numerosos ríos de África.

Livingstone condujo sus exploraciones sin mapas detallados, usando instrumentos especializados para encontrar su camino.

Algunos benefactores y amigos de Livingstone.

David Livingstone era un hombre con gran curiosidad. Adquirió conocimientos formales de medicina y aprendió astronomía, paleontología, botánica, matemática, antropología, latín y griego antiguo. En muchas de estas disciplinas era autodidacto.

Podría haber optado por una carrera académica sobresaliente, pero era un hombre profundamente religioso y decidió volverse misionero cristiano. Su propósito era difundir la palabra de Dios. En 1840 hizo su primer viaje a África y pasó los siguientes 33 años explorándola.

Livingstone exploró las tierras y las vías fluviales de África y bien pudo haber sido el primer europeo que contempló algunos de sus hermosos paisajes. Sin embargo, su respeto hacia los habitantes de África y el deseo que tenía de acabar con el tráfico de esclavos lo motivaron a continuar con sus exploraciones a pesar de tremendas adversidades. El estrecho contacto que tuvo y la confianza que depositó en distintos pueblos africanos le permitieron conocer y apreciar culturas y tradiciones diferentes a las suyas.

Aunque no logró su propósito inicial de convertir a los africanos al cristianismo, sí tuvo éxito como humanista al hacer su parte para que los europeos comprendieran la maldad de la esclavitud.

DAVID LIVINGSTONE, HOMBRE DE FE

LIVINGSTONE RECIBIÓ MUCHOS HONORES, SIN EMBARGO SIEMPRE SE MANTUVO COMO HOMBRE MODESTO Y ESFORZADO POR ABRIR ÁFRICA AL COMERCIO Y AL CRISTIANISMO.

Nació el 19 de marzo de 1813 y creció en el pueblo fabril de Blantyre, en las afueras de Glasgow, Escocia. Sus padres, Neil y Agnes Livingstone, tuvieron siete hijos; sólo cinco de ellos –tres niños y dos niñas– sobrevivieron la niñez. Su padre, que vendía té de pueblo en pueblo, tenía pocos ingresos.

Todos los miembros de la familia tenían que vivir y dormir en una sola habitación en un ruinoso edificio. Hasta los 10 años, David fue instruido en su casa; después lo enviaron a trabajar de 'anudador' en una fábrica de hilados, donde, a gatas entre los telares, unía hilos rotos desde las seis de la mañana hasta las ocho de la noche. Al terminar sus 14 horas de trabajo, cada niño recibía clases durante dos horas. A pesar de lo difícil del trabajo, David siempre mantuvo el deseo de aprender; con parte del pago por su primera semana de trabajo adquirió un libro de latín. Hasta entrada la noche estudiaba latín, matemática y ciencias; también disfrutaba los libros de viajes.

El padre de David no estaba entusiasmado con el hecho de que él estuviera interesado por las ciencias. Neil Livingstone pensaba que el estudio de la ciencia podría debilitar las creencias religiosas de su hijo.

> « *Soy un misionero*
> *en cuerpo y alma...*
> *En este servicio espero vivir.*
> *En él deseo morir.* »

MÉDICO MISIONERO

A la edad de 19 años, David Livingstone compró un libro del doctor Thomas Dick, un ministro que también era astrónomo aficionado. Este libro cambió su vida. Lo convenció de que podía estudiar ciencias naturales y seguir siendo buen cristiano.

En esa época David supo que había gran necesidad de misioneros que tuvieran entrenamiento médico. Si optaba por ser médico y a la vez misionero podría proseguir su interés en la ciencia y la religión. Esto también le permitiría cuidar tanto de los cuerpos como de las almas de las personas.

En 1836 entró a la escuela de medicina de la Universidad Andersoniana, en Glasgow. Dos años después fue aceptado por la Sociedad Misionera de Londres para recibir entrenamiento. Su instrucción incluyó cursos de latín, griego y hebreo, que tuvieron limitada aplicación práctica cuando trató de hablar con la gente de África.

Esta imagen muestra a Livingstone en la edad madura. Su amigo de mucho tiempo, James Young, químico y hombre de negocios, decía: "Livingstone es el mejor hombre que he conocido."

Este óleo, pintado por Horatio McCulloch, muestra una calle de Glasgow, Escocia, en el siglo XIX, no lejos de donde Livingstone pasó su niñez.

Esta gorra es la misma que levantó Livingstone cuando se encontró con Henry Morton Stanley en Ujiji (hoy Tanzania) el 10 de noviembre de 1871. Fue en esa ocasión cuando Stanley expresó el famoso saludo: "El doctor Livingstone, supongo". La gorra pertenece ahora a la Real Sociedad Geográfica de Londres.

Esta sección de un tronco fue cortada de un árbol ubicado en una aldea del centro de África, bajo el cual fue enterrado el corazón de David Livingstone dentro de una caja metálica. Hoy pertenece a la colección de la Real Sociedad Geográfica.

ETERNO OPTIMISTA

Un gran amigo, William Cotton Oswell, describió a Livingstone como "paciente, fuerte en la adversidad, contento de avanzar poco a poco, pero sin desviarse nunca de la ruta". Aun cuando estaba muy débil y tenían que cargarlo, nunca se rindió. En muchos sentidos, fue un eterno optimista.

Livingstone creía importante hacer, como él lo hacía, "trabajo constante y suficiente ejercicio corporal para producir sudor todos los días". De hecho, él se exigía a sí mismo hasta el límite de sus fuerzas físicas.

NATURALISTA

Livingstone era amante de la historia natural. De niño se interesaba en la flora, la fauna y los fósiles. Mientras exploraba África, llenó varios cuadernos con detalles sobre muchas variedades de plantas y animales que observó ahí. Por ejemplo, describió la forma en que cierta ave, una especie de chorlito, ayudaba a los cocodrilos a limpiar sus dientes picoteando dentro de sus fauces abiertas. A los cocodrilos parecía no molestarles y simplemente las dejaban hacer su labor.

Tampoco sorprende que odiara la matanza de animales. Como se lo dijo a su equipo: "Me gustaría inculcar en cada miembro de la expedición un respeto sagrado por la vida, y que nunca la destruyeran, a no ser que con ello se buscara un buen fin." También le molestaba el comercio de marfil, que implicaba matar elefantes; no obstante, aceptó que se sacrificaran algunos animales salvajes durante el curso de sus expediciones, pues necesitaba una fuente de alimentación para proveer a sus hombres.

También se oponía al trato cruel contra los humanos, por lo que pasó gran parte de su vida trabajando por abolir el brutal tráfico de esclavos que atestiguó en África.

En principio, Livingstone quería ir a China como misionero, pero la guerra en ese país se lo impidió. Luego de conocer a Robert Moffat, que también era misionero, decidió: "Iré de inmediato a África." En 1845 se casó con Mary, hija de Moffat que había crecido en África.

> ❝ *Nada me hará llevar mi trabajo a la desesperanza. Me inspiro en el Señor y sigo adelante.* ❞

VIAJERO DECIDIDO

Livingstone pasó más de 30 años en África, en busca de nuevos cristianos y de comercio para Gran Bretaña.

Durante sus primeros viajes, entre 1841 y 1853, exploró el sur de África, desde el extremo austral del continente hasta la región que los británicos llamaron Barotseland (hoy la nación independiente de Zambia). Durante los siguientes tres años (1853-56) exploró el río Zambezi, expedición que lo llevó de las costas orientales de Mozambique a la costa occidental de Angola. Este viaje, durante el cual llegó y bautizó a las cataratas Victoria, lo volvió un héroe en Inglaterra.

Livingstone continuó explorando la región del Zambezi entre 1858 y 1864. Pasó el resto de su vida en lo que resultó ser una búsqueda infructuosa del origen del río más largo del mundo, el poderoso Nilo.

DIVERGENCIAS

Livingstone fue muy elogiado por la mayoría de los que lo conocieron. Sin embargo, algunos pensaban que carecía de ciertas cualidades.

Nunca se distinguió como predicador, y el jefe de la Sociedad Misionera de Londres incluso llegó a describirlo como tosco y de modales torpes. Algunos pensaban que era obsesivo, pues al optar por un derrotero peligroso no sólo arriesgaba su vida, sino también la de su esposa. Ella murió de malaria en 1862, a orillas del Zambezi.

Pese a grandes dificultades, Livingstone mantuvo su fe. Siempre estuvo seguro de que, con la ayuda de Dios, todo resultaría bien al final.

Cronología

1813
David Livingstone nace en Escocia.

1840
Se ordena como misionero cristiano.

1841
Llega a África por primera vez.

1844
Livingstone establece una misión en Mabotsa.

1845
Se casa con Mary Moffat.

1849
Llega al Lago Ngami.

1855
Livingstone conoce y bautiza las cataratas Victoria.

1856
Viaja de la costa oriental a la costa occidental de África.

1858-64
Explora el río Zambezi.

1866
Comienza a buscar el origen del río Nilo.

1871
Se encuentra con Henry Morton Stanley.

1873
Livingstone muere en África.

EL RETO DE ÁFRICA

Esta pintura de Thomas Baines, quien estuvo con Livingstone en África, muestra carretas que avanzan a través de la provincia del Cabo, en Sudáfrica.

El vapor de ruedas *Ma Robert*, que fue usado por Livingstone, aparece en otra pintura de Baines. ¡Los ruidos que producía asustaban a los elefantes!

A veces era más fácil para el equipo de Livingstone hacer los viajes a pie que en carretas, como se muestra en este cuadro de Baines.

LOS EUROPEOS VEÍAN ÁFRICA COMO FUENTE DE RECURSOS Y MANO DE OBRA BARATA, ASÍ COMO MERCADO PARA SUS PRODUCTOS, PERO ERA DIFÍCIL LLEGAR A SUS ENTRAÑAS.

David Livingstone, como la mayoría de los europeos de su época, creía a Europa más 'civilizada' que África. Como misionero, pensaba que los europeos cristianos tenían la responsabilidad de compartir sus creencias con los pueblos menos 'civilizados'.

Otros europeos fueron a África por razones muy distintas. Querían obtener recursos: marfil, oro, caucho, diamantes, y emplear africanos por mucho menos de lo que aceptarían los europeos. También creían que podían convencer a los africanos de adquirir productos hechos en Europa. Eso significaría más empleo para los trabajadores de las fábricas europeas y mayores utilidades para los dueños de las fábricas.

Durante el siglo XIX, Inglaterra, Francia y Alemania intentaron crear gobiernos imperiales en África. El imperialismo es la pretensión de un país por dominar la vida económica, política y cultural de otro.

Antes de controlar África, los europeos tenían que explorar su interior. Los hombres de Livingstone a veces debían usar hachas para abrir brecha entre la hierba que sobresalía muy por encima de sus cabezas. En otras ocasiones, la expedición caminaba lentamente durante días por grandes áreas de matorrales con el misionero montando su buey, Simbad.

En cierta ocasión que Livingstone tenía fiebre muy alta, insistió en proseguir su camino a través de un terreno pantanoso y bajo una fuerte tormenta. Simbad se paró y lo lanzó por los aires. Él comentó después: "No me sentí peor por ese maltrato, pero no se lo recomendaría a nadie como paliativo en caso de fiebre."

Se sabe que en 1867, mientras se adentraba más en África, Livingstone comentó: "El país es una sucesión de grandes ondulaciones cubiertas de jungla y sin rastros de caminos." Pero de vez en cuando el explorador se topaba con paisajes que le fascinaban. Por ejemplo, al llegar a un pequeño lago, dijo: "La imagen de las aguas azules y las olas que azotan la orilla tienen la capacidad de tranquilizar la mente después de haber cruzado un bosque tan carente de vida, tan plano y tan sombrío."

HACIA ADELANTE

PARA ORIENTARSE

La Real Sociedad Geográfica de Londres posee en su colección la brújula que usó Livingstone en su primer viaje. Sin tal instrumento le hubiese sido prácticamente imposible mantener cualquier sentido de la dirección cuando viajaba al corazón de África en el siglo XIX. Por supuesto, esto sucedió antes de la época del ferrocarril, cuando los medios de transporte más conocidos eran carretas cubiertas. Livingstone hizo un recorrido de aproximadamente 1126 km en carreta, desde la costa sur de África hasta Kuruman. Debió ser un viaje traqueteado sobre un terreno escabroso. En algunas ocasiones Livingstone prefería viajar a pie, y otras veces lo hacía montando un buey. Ésta también era una forma incómoda de viajar, pues el buey golpeaba

frecuentemente con los cuernos a su jinete en el costado o en el estómago, así que Livingstone se veía obligado a cabalgar tan erguido como fuera posible durante largos periodos.

A BORDO DEL *MA ROBERT*
Otro medio de transporte que Livingstone utilizó en África cuando viajaba por el río Zambezi fue un barco de vapor de ruedas de paletas llamado *Ma Robert*. Livingstone hizo construir la embarcación en Inglaterra y luego la reensambló en África. Fue construida en tiempo récord

–sólo cinco semanas–, tenía casi 23 m de largo y un motor de 12 caballos de fuerza. La nave podía transportar a más de 36 pasajeros y tenía suficiente capacidad de carga como para una expedición de dos años por África, tiempo que Livingstone pensó, al inicio, emplear en este viaje. Pero se equivocó, pues en realidad esta expedición por el Zambezi le llevó de 1858 a 1864. Sin embargo, el vapor de ruedas, bautizado con el nombre que los africanos dieron a la esposa de Livingstone, se despedazó a fines de 1860.

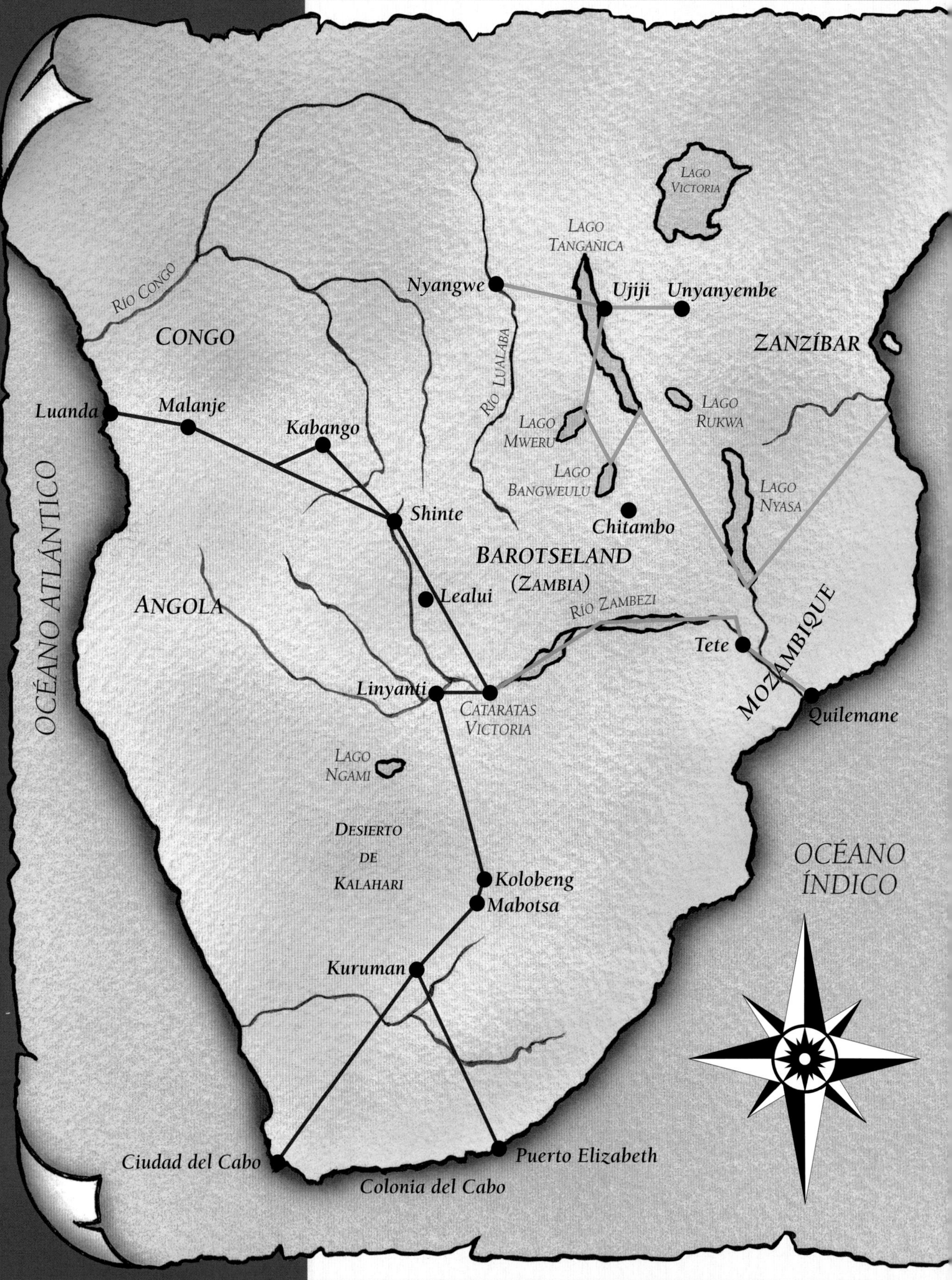

OCÉANO ATLÁNTICO

RÍO CONGO

CONGO

Luanda
Malanje
Kabango
Shinte
Lealui

ANGOLA

LAGO
NGAMI

DESIERTO
DE
KALAHARI

Linyanti
CATARATAS
VICTORIA

Kuruman

Ciudad del Cabo
Colonia del Cabo

Kolobeng
Mabotsa

Puerto Elizabeth

Nyangwe

RÍO LUALABA

LAGO
VICTORIA

LAGO
TANGAÑICA

Ujiji Unyanyembe

ZANZÍBAR

LAGO
MWERU

LAGO
BANGWEULU

LAGO
RUKWA

LAGO
NYASA

Chitambo

BAROTSELAND
(ZAMBIA)

RÍO ZAMBEZI

Tete

MOZAMBIQUE

Quilemane

OCÉANO
ÍNDICO

LOS VIAJES DE LIVINGSTONE POR ÁFRICA

LAS CATARATAS VICTORIA

"Fue el espectáculo más maravilloso que haya presenciado en África." Ésas fueron las palabras que Livingstone pronunció para describir las cataratas después de verlas por primera vez en noviembre de 1855. Subyugado por su belleza, les dio el nombre de la reina Victoria de Inglaterra.

UN ENCUENTRO CÉLEBRE

El 10 de noviembre de 1871, en Ujiji, a orillas del Lago Tangañica, el periodista y aventurero estadounidense Henry Morton Stanley al fin logró encontrar al gran explorador escocés y lo saludó con una expresión que se haría legendaria: "El doctor Livingstone, supongo."

EN EL CORAZÓN DE ÁFRICA

El deseo ferviente de difundir el cristianismo fue lo primero que impulsó a Livingstone a hacer sus expediciones en África. Avanzar en un territorio sin mapa presentaba, como es de suponerse, muchos contratiempos. La falta de transporte adecuado era uno de esos retos. Livingstone se valió de una carreta tirada por bueyes para hacer el recorrido de 1126 km desde Ciudad del Cabo hasta Kuruman. Después de eso, casi siempre viajó a pie, abriendo veredas a través de la selva espesa. Durante el tiempo que exploró el río Zambezi utilizó su vapor de ruedas de paletas, el *Ma Robert*, en aquellas zonas donde era posible navegar.

Livingstone afrontó otros obstáculos en sus viajes, como pantanos infestados de malaria, y el ataque casi fatal de un león en Mabotsa. Con frecuencia se dificultaba su trabajo, pues sus paisanos europeos y aquellos que se ganaban la vida traficando con esclavos lo veían con hostilidad y desconfianza. Livingstone recorrió grandes distancias. Sus logros son de los más notables debido a los enormes retos que superó.

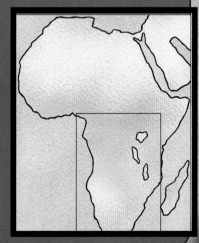

CLAVE

Expediciones 1841-1856
Viajes 1858-1864
Última expedición 1866-1873

CONTRA EL TRÁFICO DE ESCLAVOS

Los compradores de esclavos siempre seleccionaban a los más fuertes del grupo.

Esta pintura anónima se titula *¿Acaso no soy hombre y hermano?*

DESDE EL MOMENTO EN QUE VIO UN HOMBRE ENCADENADO, DAVID LIVINGSTONE SE PROPUSO HACER TODO LO QUE PUDIERA PARA LIBERAR A LOS CAUTIVOS Y DETENER EL TRÁFICO DE ESCLAVOS EN ÁFRICA.

Uno de los principales objetivos de Livingstone al 'abrir' África era alentar el comercio. Sin embargo, a diferencia de otros europeos, su apoyo al comercio no era motivado por la ambición ni por intereses personales. En cambio, él esperaba que el comercio de materias primas y manufacturas condujera a detener el tráfico de esclavos.

En 1857, Livingstone dijo en Edimburgo, Escocia: "Espero poder abrir una ruta por el Zambezi al centro del país; y luego, si podemos abastecer a los pueblos con nuestros bienes en un comercio legal, creo que tendremos una mejor perspectiva para detener el tráfico de esclavos en una región considerable del país."

Livingstone quería promover que los pueblos de África central comerciaran unos con otros para que empezaran a desarrollar una dependencia mutua. También quería alentarlos a que empezaran a producir manufacturas para los ingleses.

Este detalle de una acuarela muestra la imagen típica de una de las cuerdas de esclavos encadenados que Livingstone se propuso liberar.

> **Si entramos y establecemos un asentamiento, en el término de pocos años seremos capaces de detener el tráfico de esclavos en ese lugar.**

LA BUENA NUEVA

"El comercio –decía Livingstone– es una ayuda primordial para difundir las bendiciones del cristianismo, pues una tribu nunca se acerca a otra sin contar las noticias, y el Evangelio es parte de las noticias."

Livingstone también opinaba que si Gran Bretaña empezaba a obtener materias primas, como algodón, del continente africano, en vez de Estados Unidos, por fin se sensibilizarían los dueños de esclavos en ese país y, quizá con el tiempo, reconocerían que no se necesita poseerlos.

La compra y venta de personas le parecía abominable. El Acta de Abolición, aprobada en 1833, detuvo en gran parte el tráfico en la costa occidental de África, pero persistía abiertamente en las regiones central y oriental. Adonde viajara, Livingstone encontraba aldeas saqueadas, cosechas arruinadas y cuerpos en descomposición abandonados por los traficantes de esclavos.

El 16 de septiembre de 1859, cuando Livingstone llegó al lago Nyasa, supo que este enorme cuerpo de agua del oriente de África –que hoy suele llamarse lago Malawi– estaba situado sobre una de las principales rutas de esclavos que conducía a la costa. Mientras descansaban en una aldea, los traficantes ofrecieron niños en venta a sus hombres. Desde luego, no aceptaron, pero Livingstone después se cuestionaba si debieron haberlos comprado para que no fueran vendidos en otro lugar.

Entonces escribió a su gobierno solicitando la inmediata creación de una colonia británica en la región del lago Nyasa; pensaba que si los británicos tomaban el control de la zona se podría detener el tráfico de esclavos. Pero Inglaterra no deseaba más colonias en ese momento y su propuesta fue rechazada. Los británicos tomaron el control de Nyasaland (hoy Malawi, nación independiente) hacia finales del siglo XIX.

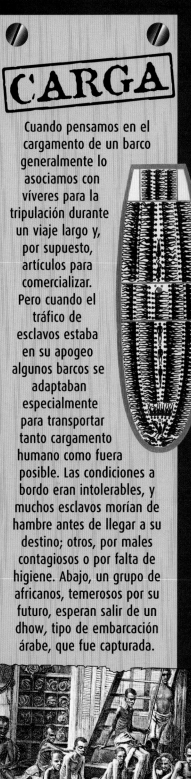

CARGA

Cuando pensamos en el cargamento de un barco generalmente lo asociamos con víveres para la tripulación durante un viaje largo y, por supuesto, artículos para comercializar. Pero cuando el tráfico de esclavos estaba en su apogeo algunos barcos se adaptaban especialmente para transportar tanto cargamento humano como fuera posible. Las condiciones a bordo eran intolerables, y muchos esclavos morían de hambre antes de llegar a su destino; otros, por males contagiosos o por falta de higiene. Abajo, un grupo de africanos, temerosos por su futuro, esperan salir de un dhow, tipo de embarcación árabe, que fue capturada.

David Livingstone llevó a Inglaterra cadenas usadas en África en el siglo XIX para sujetar esclavos. Eran pesadas e impedían a los cautivos moverse de otra forma que no fuera caminar a un paso normal.

Árabes cazadores de esclavos emprenden un ataque contra una aldea africana. Livingstone calculaba que sólo uno de cada diez esclavos capturados sobrevivía para después ser vendido.

¡Cuánto sufrimiento debe haber causado caminar con la cabeza sujeta por un yugo de madera! La única manera de zafarse de tal yugo hubiera sido cortándolo con una sierra.

Livingstone invirtió mucho de su tiempo en África tratando de parar el tráfico de esclavos. Por sus actividades se llegó a enemistar con los traficantes. Sin embargo, a veces no le quedó más que aceptar su ayuda. Fueron los traficantes de esclavos de Zanzíbar –a quienes Livingstone intentaba sacar del negocio– los que en una ocasión lo rescataron y cuidaron cuando, por estar mal alimentado, cayó enfermo de fiebre reumática y disentería.

CRUELDAD ABSURDA

Livingstone vio muchos incidentes trágicos que afectaron a esclavos. Una vez, por ejemplo, encontró un mercado donde los otrora habitantes de un bosque del Congo, ahora esclavos, habían sido reunidos para caminar hacia la costa este. Por alguna razón, ese caluroso día de julio de 1871 hubo una riña y disparos, y algunos esclavos resultaron heridos; otros, por salvarse, saltaron a un río cercano y se ahogaron. Ese día murieron, por lo menos, 400 africanos.

También empezó a sentir gran resentimiento hacia Portugal. El gobierno de esa nación había mantenido su presencia en el valle Zambezi por más de 300 años. Gran Bretaña no quería disputar esa tierra, en tanto Portugal no interfiriera con las labores antiesclavistas del explorador. Por no enemistarse con los ingleses, el gobierno portugués aceptó apoyar los esfuerzos humanitarios de Livingstone; incluso ayudó a equipar una expedición contra la esclavitud. Sin embargo, Livingstone pronto supo que los portugueses no vigilaban el cumplimiento de la prohibición; pudo ver que personas bajo la soberanía portuguesa seguían comprando y vendiendo nativos.

Incluso pensaba que sus propias expediciones habían contribuido a incrementar el

tráfico de esclavos. Antes, los portugueses –que ocupaban lo que hoy en día son las naciones independientes de Angola y Mozambique– no habrían viajado a algunas partes de África; pero en ese momento los traficantes parecían seguirlo –algunos hasta fingían que eran parte de su expedición.

EN SU EQUIPO

Algunos esclavos tuvieron la fortuna de obtener su libertad. Uno de ellos, Chuma, había sido liberado cuando tenía nueve años. Livingstone lo encontró en India y lo incorporó a su equipo. Otro ex esclavo, Susi, también gozó de su amistad.

Ambos acompañaron al misionero en sus posteriores viajes. De hecho, él se volvió cada vez más dependiente de ellos en sus últimos años.

¿SABÍAS QUE...? ALGUNOS JEFES AFRICANOS QUE LIVINGSTONE DESCRIBE ESTABAN DISPUESTOS A VENDER A MIEMBROS DE SU FAMILIA A LOS TRAFICANTES DE ESCLAVOS. A MENUDO LO HACÍAN A CAMBIO DE TELAS. SEGÚN LIVINGSTONE, EL PRECIO DE UN ESCLAVO FUERTE ERA 3.60 M DE TELA; EL DE UNA MUJER, 2.70, Y EL DE UN NIÑO, SÓLO 1.80 M.

Incluso, luego de que murió, ellos llevaron su cuerpo a Zanzíbar. En 1874 fueron llevados a Inglaterra, donde ayudaron a formar el diario definitivo de Livingstone para publicarlo.

> " *Diario flotaban cadáveres, y en las mañanas se tenían que quitar los que se atoraban en las ruedas del barco.* "

Un grupo de adultos y niños en una típica caravana etíope de esclavos alrededor del año 1842. En esta parte de África el mercado de esclavos era tan activo como lo era en las regiones que exploró Livingstone.

La lucha de Livingstone por erradicar el tráfico de esclavos sirvió para que, luego de su muerte, se destruyeran en Zanzíbar los dhows esclavistas.

CON LAS CULTURAS NATIVAS

El retrato de este africano fue pintado por Thomas Baines, coexpedicionario de Livingstone en 1859.

Livingstone se topó con africanos de distintas religiones. Este hombre lleva versos del Corán, texto sagrado de los musulmanes, en un collar.

Thomas Baines pintó esta escena mientras estaba con Livingstone en Tete, donde se habían asentado por un tiempo algunos integrantes de la tribu makololo.

LIVINGSTONE ENCONTRÓ MUCHAS TRIBUS DIFERENTES EN ÁFRICA Y CONOCIÓ SUS COSTUMBRES, PERO SUS FAVORITAS ERAN EL PUEBLO DE ANGOLA Y LOS MAKOLOLOS.

Livingstone decía que de todas las tribus, la que más le agradaba era la de los makololos, cuyo jefe era Sebituane, a quien sucedió su hijo, Sekelutu, cuando apenas tenía 18 años. Livingstone los describía como "muy confiados y afectuosos"; pero a él, un europeo del siglo XIX, sus bailes le parecían grotescos.

PASOS EXTRAÑOS

Al describir estos bailes, Livingstone recordaba que participaban "los hombres casi desnudos parados en un círculo, con mazos o hachas pequeñas en sus manos, y cada uno rugía con el tono más alto de su voz, mientras levantaban una pierna y golpeaban con ella el suelo dos veces; luego alzaban la otra y golpeaban el suelo una vez. Los brazos y la cabeza se movían hacia todos lados".

Algunas culturas también vestían y decoraban sus cuerpos de modo atractivo. Los batoka (o batonga), por ejemplo, se quitaban los dos dientes incisivos frontales, pero Livingstone nunca supo por qué. También arreglaban su cabello de una forma muy ornamental, amontonándolo

> **_Pronto olvidamos el color, y con frecuencia notábamos rasgos parecidos a los de personas que habíamos conocido en Inglaterra._**

sobre la cabeza. Engrasaban esa alta columna de cabello para mantenerla rígida. El toque final era una espina o una peineta de bambú.

Además, Livingstone tuvo que aprender las reglas de etiqueta de varias tribus para no ofenderlas. Aprendió, por ejemplo, que cuando se acepta un regalo de algún batoka se debe esperar que la persona que lo ofrece golpee su muslo con una mano y que quien lo recibe haga lo mismo cuando ofrezca algo a cambio. La forma de saludar de los batoka también era extraña comparada con las normas europeas. Se tiraban de espalda, giraban de lado a lado y se golpeaban la parte exterior de los muslos mientras gritaban.

TALENTO NOTABLE

Los batoka eran cazadores valientes, expertos en el manejo de las canoas, y grandes músicos. Tocaban un instrumento llamado sansa. Este instrumento también se conoce como piano de mano y está formado por delgadas tiras de madera o hierro pegadas a una tabla, que se presionaban con los dedos y luego se soltaban para crear un sonido vibrante. También tocaban la marimba. Era similar al sansa, pero se tocaba con palos, del modo en que se toca un xilófono.

Livingstone describió a los manganja, que habitaban el valle de Shiré (ahora parte de Malawi), como muy industriosos productores de algodón. También los consideraba muy avanzados en materia de derechos de la mujer, ya que ellas podían llegar a ser jefas; sin embargo, hallaba muy rara una de sus costumbres: usaban un adorno llamado pelele para hacer que su labio superior sobresaliera.

Algunos de los africanos del siglo XIX vestían atuendos como éste.

Este grabado representa una de las muchas ejecuciones de danzas africanas que Livingstone presenció en la región del Río Zambezi.

ASUNTOS DE FE

Livingstone quizá se decepcionó por no haber convertido a muchos al cristianismo durante su estadía en África. Difundir el cristianismo era, después de todo, su principal meta. Los nativos lo escuchaban con atención y observaban con interés y curiosidad cuando les mostraba ilustraciones de historias de la Biblia; pero no entendían que su intención era que pusieran en práctica las lecciones que se les daba.

Cuando Livingstone regresó a Inglaterra en 1856 sus compatriotas lo aclamaron como héroe. No obstante, la Sociedad Misionera de Londres mostró poco entusiasmo. Sus viajes eran caros y peligrosos, atraían más publicidad en Inglaterra que evangelizados en África.

La Sociedad quería que se estableciera como misionero y permaneciera en un solo sitio, en lugar de viajar a través del continente. Livingstone se negó a hacerlo y la Sociedad le retiró el apoyo financiero, lo que provocó que renunciara como miembro. Con el apoyo del gobierno inglés, pudo seguir adelante con sus esfuerzos para detener el tráfico de esclavos e introducir el comercio en África. Él pensaba que podía seguir con la evangelización una vez que hubiera tenido éxito en esos frentes.

Aun así, mantuvo su fe todo el tiempo. Leía la Biblia a diario y rezaba regular y fervientemente pidiendo fortaleza, tanto mental como física, para continuar su trabajo. "El sudor de la frente no es una maldición cuando uno trabaja para Dios, sirve como tónico para el sistema, y en realidad es una bendición", escribió. Cuando se desesperaba, le pedía a Dios su intervención: "No me abandones, no me olvides. Me postro con mis peticiones a tus pies. Tú conoces todo lo que yo necesito, tanto para la vida temporal como para la eternidad."

Explorar las regiones de África sin mapas era peligroso y en ocasiones una tarea desalentadora. Livingstone seguramente no habría sido capaz de continuar su exploración sin creencias religiosas tan profundas. "Necesito ser purificado, estar preparado para lo eterno, para lo cual mi alma se engrandece en anhelos siempre recurrentes", escribió Livingstone en una

El féretro de Livingstone en el salón de los mapas de la Real Sociedad Geográfica en Savile Row, Londres, en abril de 1874, antes de que fuera transportado a la Abadía de Westminster. Fue y todavía es un gran honor ser enterrado ahí.

entrada de su diario el 19 de febrero de 1854.

"Necesito parecerme más a mi bendito Salvador, para servir a Dios con todo mi poder." Él concluyó su oración con esta plegaria ferviente: "Contémplame, Espíritu del Dios viviente y procúrame de todo lo que consideres que carezco."

Livingstone trató de convertir al cristianismo a muchos africanos, como los que se ven aquí, pero no tuvo gran éxito.

LOS MAKOLOLOS QUEDARON FASCINADOS CUANDO VIERON EL MAR POR PRIMERA VEZ. SIEMPRE HABÍAN CREÍDO QUE EL MUNDO SE REDUCÍA A UNA GRAN PLANICIE. DESPUÉS DEL RECORRIDO QUE HICIERON CON LIVINGSTONE A LA COSTA, VIERON QUE LA EXTENSIÓN DE TIERRA QUE HABÍAN CRUZADO TENÍA UN TÉRMINO.

El pelele, que los manganja consideraban un signo de belleza, se podía hacer de estaño, arcilla o cuarzo. También se tatuaban el rostro y el cuerpo.

A los manganja les gustaba una bebida alcohólica hecha a base de semillas de cereal. Para elaborarla, machacaban el grano, lo mezclaban con agua y lo hervían; luego lo dejaban reposar algunos días para que espesara y fermentara. Livingstone notó que el líquido rosado era fuerte pero calmaba la sed.

Él encontró en esta cultura mucho de lo que admiraba en la suya propia y dijo: "Pronto aprendimos a olvidar el color, y con frecuencia notamos semblantes parecidos a... los de personas que habíamos conocido en Inglaterra."

ESPIRITUALIDAD

Livingstone describió muchas interesantes creencias espirituales de los pueblos que conoció en sus expediciones. Entre ellas, la que decía que los difuntos seguían en contacto con sus parientes y solían aparecerse con aspecto extraño.

En una ocasión, por ejemplo, cuando un nativo estaba a punto de vender su canoa, se percató de la presencia de una enorme serpiente en un árbol cercano y de inmediato suspendió la transacción, convencido de que el reptil era el espíritu de su padre que regresaba para oponerse a la venta del preciado bien.

Algunos pueblos creían que, de manera simple, se podía demostrar la inocencia en caso de un crimen ingiriendo una bebida venenosa. Si el inculpado sobrevivía, el veredicto era inocente; si moría, el veredicto era culpable.

Livingstone describió a los bosquimanos, como los que se ven arriba ante una fogata afuera de su humilde cabaña, como gente amable, siempre alegre y risueña.

Ya que pocos europeos viajaban a África, se valían de grabados como éste para darse una idea de cómo era la apariencia de los africanos.

En África se usaban cuentas, como éstas del siglo XIX, no sólo como ornamento, sino también en lugar de dinero.

BENEFACTORES Y AMIGOS

Mary, la esposa de Livingstone, nunca se dio por vencida, a pesar de que durante sus largos viajes, ella quedó sola a cargo de sus hijos.

El adinerado William Cotton Oswell proporcionó el financiamiento, que fue bien recibido, para una de las expediciones de Livingstone. Se conocieron cuando Oswell se encontraba en un safari en África cazando elefantes para obtener el marfil.

Livingstone bautizó las cataratas Murchison en honor a Roderick Murchison, que influyó para que obtuviera ayuda del gobierno británico para continuar sus exploraciones.

MUCHAS PERSONAS, EUROPEAS Y AFRICANAS, AYUDARON A LIVINGSTONE DURANTE SUS VIAJES. SIN SU APOYO, NO HABRÍA LOGRADO TODO LO QUE LOGRÓ.

Casi todas las amistades que hizo Livingstone perduraron toda su vida. La primera persona que lo ayudó en África, por ejemplo, fue Robert Moffat, el hombre que después fue su suegro. Moffat, un notable evangelista y predicador, dirigía la estación misionera de Kuruman, en Bechuanalandia (ahora Botswana) desde 1823.

A esa misión fue asignado originalmente Livingstone en 1841, a la edad de 28 años. Moffat aconsejaba con generosidad al recién llegado y la familia lo alojó cuando cayó enfermo.

ESPOSA FIEL

Cuando Livingstone cayó enfermo, Mary, la hija de Robert Moffat, lo atendió. Mary fue educada en África, por lo que hablaba setswana, una lengua importante en el sur de ese continente. En enero de 1845, ella y Livingstone se casaron y juntos fundaron una misión en Chonwane.

En una carta, Livingstone describe a Mary de forma no muy halagadora como "una chica de cabello oscuro y grueso, constitución fuerte y con todo lo que deseo". Mary fue una mujer caritativa y esposa fiel; dio a luz en sitios perdidos, crió a sus hijos en condiciones intolerables, soportó largos periodos de mala salud, de clima atroz y de poca higiene.

> **¡Oh!, cuánto hace que nos separamos; desde que partiste no he pasado una noche agradable ni un día tranquilo.**
>
> MARY LIVINGSTONE

Ella y los cuatro hijos que sobrevivieron regresaron a Inglaterra en 1852. Ahí padeció una profunda tristeza por la lejanía de su marido, además de gran pobreza. Regresó a África con él en 1858, pero murió de malaria en 1862.

APOYO FINANCIERO

Uno de los principales amigos y financiadores de Livingstone fue William Cotton Oswell, un inglés acaudalado. Se conocieron cuando Oswell paró en la estación misionera de Mabotsa, antes de un safari.

Oswell contribuyó generosamente para apoyar una de las expediciones de Livingstone y en 1849 viajaron juntos en un grupo con otros dos europeos y treinta y ocho africanos a través del Kalahari hasta el lago Ngami. Oswell también se le unió en un segundo recorrido que hizo más al norte en 1851 y contribuyó con una gran suma para apoyar las actividades posteriores de Livingstone.

Gran parte de la riqueza de Oswell provenía de comerciar con marfil de elefantes que cazaba. Aunque Livingstone no aprobaba la caza mayor, siempre estuvo dispuesto a aceptar el patrocinio y la amistad de Oswell. Cuando Mary dio a luz un niño, en 1851, fue bautizado como William Oswell Livingstone, como reconocimiento a la ayuda que Oswell les brindó.

Livingstone también recibió otros tipos de ayuda. El astrónomo real, Thomas MacLear, le enseñó a trazar mapas. MacLear afirmó después que los mapas del continente africano hechos por Livingstone estaban entre los más exactos que había visto. "Sus observaciones del curso del Zambezi... son los modelos más finos de observación geográfica que he visto", escribió.

Varias organizaciones británicas destacadas también elogiaron a Livingstone. La Real Sociedad Geográfica lo alabó y le concedió una medalla de oro, lo que

ESPÍRITU DE EQUIPO

● Luego que el Parlamento británico le dio 5000 libras esterlinas (cientos de miles de pesos actuales) para una nueva expedición a la región del Zambezi, en 1858, Livingstone reunió al que debía ser un gran equipo. Norman Bedingfeld sería el navegante; el ilustrador Thomas Baines pintaría y abastecería las provisiones; George Rae (*abajo*) sería el ingeniero de la nave; Richard Thornton tenía experiencia como geólogo; John Kirk era médico y botánico; y el hermano de Livingstone, Charles, cuidaría del bienestar moral de todos. Sin embargo, las disputas pronto surgieron y Livingstone se vio obligado a destituir a Baines.

La reina Victoria de la Gran Bretaña aprobó de todo corazón el trabajo de Livingstone en África.

Henry Morton Stanley sólo tenía 30 años cuando encontró a Livingstone, lo atendió y le ayudó a recuperar la salud.

En este grabado Livingstone y Stanley aparecen leyendo. Su relación fue agradable y compartieron varias tareas en el poco tiempo que estuvieron juntos.

debe haber influido en otros para ofrecerle ayuda; la Oficina del Exterior en Londres, por ejemplo, sufragó sus gastos para un vapor de rueda de paletas.

La reina Victoria, que simpatizaba fervientemente con lo que Livingstone quería lograr en el continente africano, le concedió una audiencia. Se asegura que la soberana rió a carcajadas cuando el explorador le relató que uno de los jefes tribales que conoció había preguntado cuántas vacas tenía la reina. Él le explicó que en África el número de vacas que se poseía indicaba la riqueza y el poder del que se gozaba.

Victoria reinó en Inglaterra durante casi toda la vida de Livingstone. Ella asumió el trono en 1837, cuando él tenía sólo 24 años, y vivió 28 años más que el explorador.

AYUDA AFRICANA

No todos los africanos con los que Livingstone se topó eran amistosos. De hecho, en cierta ocasión envió una advertencia a un conocido inglés que pretendía ir a África como evangelista: "No esperes que los jefes sean amistosos con los misioneros; por lo general, son hostiles."

Sin embargo, Livingstone logró entablar amistad firme con algunos de los jefes africanos. Durante seis meses vivió entre los bakwena, en Chonwane. A propósito, escribió: "Al vivir entre ellos logré comprender sus hábitos, su forma de pensar, sus leyes, su lengua, y esto me ha resultado de un valor incalculable."

Livingstone, en particular, tenía gran esperanza de que el jefe Sechele de la tribu de los bakwena se convirtiera al cristianismo. No perdió el optimismo, aun cuando Sechele expresó sus dudas de que Livingstone fuera capaz de convertir a los africanos al cristianismo valiéndose solamente de relatos.

El mismo Sechele parece haber sido la única persona genuinamente cristianizada por Livingstone y aceptó ser bautizado, aunque esto lo obligara a devolver a tres de sus esposas con sus familias y quedarse sólo con la primera. La alegría de Livingstone al

¿SABÍAS QUE...? LAS PERSONAS SUELEN RECURRIR A SUS MASCOTAS EN BUSCA DE APOYO EMOCIONAL, Y LIVINGSTONE NO ERA LA EXCEPCIÓN. CUANDO LA TENSIÓN DEL RECORRIDO AMENAZABA CON DERROTARLOS, LIVINGSTONE Y TODA SU EXPEDICIÓN SE ANIMABAN CON LOS JUGUETEOS DE SU MASCOTA, UN POODLE DE NOMBRE CHITANE.

Hacia el fin de su vida, la salud de Livingstone era tan precaria que dependía de la ayuda de sus amigos africanos para moverse.

ver que este jefe africano aceptaba la fe cristiana se tornó en amargura poco después, cuando supo que Sechele de nuevo estaba en contacto con una de las esposas antes rechazadas y que ella estaba embarazada.

Fue Sechele quien le sugirió a Livingstone que visitara al jefe Sebituane, de la tribu makololo, en Barotseland (ahora Zambia). La ayuda de la gente de la tribu makololo para abrir brechas a través de la espesa selva del centro de África fue extremadamente valiosa.

La razón precisa por la que los makokolo le ofrecieron tanta ayuda a Livingstone no ha quedado muy clara. Algunos historiadores han sugerido que pudo haber sido porque creían que Livingstone poseía poderes mágicos. En efecto, Livingstone escribió en su diario que en una ocasión, cuando explicaba cómo se fabricaban la tela impresa y las cuentas de vidrio (utilizadas para comerciar), exclamaron: "¡En verdad, ustedes son dioses!"

Dos días antes de la muerte de Livingstone, este hombre le ayudó a cruzar un río. Quería continuar, a pesar de su minada salud.

Entre el grupo que asistió al funeral de Livingstone en la Abadía de Westminster, en Londres, se contaban sus dos fieles sirvientes, Susi y Chuma. Se declaró un día de luto nacional.

UN ENCUENTRO FAMOSO

Livingstone sentía mucho agrado por los animales y odiaba que mataran a cualquiera de ellos. Pero hubo veces, durante las expediciones, en que la comida era tan escasa que tenía que hacerse de la vista gorda con las matanzas.

LIVINGSTONE AFRONTÓ MUCHOS PELIGROS, PERO UNO DE SUS MOMENTOS MÁS AFORTUNADOS FUE CUANDO HENRY MORTON STANLEY LO ENCONTRÓ EN EL CORAZÓN DE ÁFRICA.

"El doctor Livingstone, supongo." Ésta es la fórmula, hoy mundialmente famosa, con que Henry Morton Stanley saludó al explorador David Livingstone. Muchos suponían que se había perdido en el corazón de África, o peor todavía, que estaba muerto. Durante dos años nadie había recibido una carta de él.

Fue en la mañana del 10 de noviembre de 1871 cuando Stanley encontró a Livingstone. Para entonces, la salud física y mental del explorador se hallaba en estado crítico. Estaba en la pobreza extrema y próximo a la inanición. Le habían robado todos sus bienes y nunca antes su moral había estado tan baja.

Los viajes a las regiones más remotas de África eran tan difíciles que debe haber sido un golpe de suerte lo que llevó a Henry Morton Stanley al lugar exacto en que Livingstone vivía. Su encuentro no fue del todo producto de la casualidad, ya que se había contratado a Stanley para que encontrara a Livingstone.

Casi sin creerlo, oyó a su asistente Susi gritar de pronto: "¡Un inglés! ¡Lo puedo ver!", mientras veía venir a un hombre blanco frente a un safari. Livingstone reconoció de inmediato las estrellas y las barras en una bandera frente al grupo que iba hacia ellos y supo que Susi se había equivocado. El hombre que se acercaba debía ser estadounidense.

> 66 *Nunca encontré falla alguna en él… con Livingstone, cada día aumentaba mi admiración.*
>
> H.M. STANLEY 99

No podía creer lo que veía. "Cosas embaladas, bañeras de metal, grandes calderos, enseres de cocina, tiendas... me hicieron pensar que este era un viajero acaudalado, y no uno en la ruina como yo", escribió después.

Todos los presentes estaban extasiados de alegría. Contra todos los pronósticos, Stanley había logrado encontrar a Livingstone en Ujiji. Además, había llevado medicamentos, cartas de los miembros de la familia de Livingstone, y hasta una botella de champaña para que pudieran celebrar la ocasión con estilo.

Pero, ¿por qué fue Stanley, un periodista de esa época, desde Estados Unidos a buscar a Livingstone?

La mayoría de las tribus africanas odiaban a los colonizadores bóers. Entre 1899 y 1902, los ingleses lucharon contra los bóers por el control del sur de África.

Los cocodrilos representaban una amenaza constante para Livingstone y su expedición al viajar por los ríos africanos. Esta pintura de Thomas Baines muestra cuando uno de ellos es sometido.

Cuando se enfermaba, como ocurría seguido, Livingstone no se daba por vencido. Se valía de sus fieles sirvientes que lo cargaban por largas distancias.

Mucha de la vegetación que Livingstone tuvo que cortar para abrir brecha era tan espesa que sorprende que pudiese encontrar su camino.

Esta portada ilustrada es de un libro del siglo XIX sobre los muchos logros de Livingstone. Los historiadores coinciden en que lo que logró fue, sin duda, contra todas las adversidades. También consideran ese tipo de libros como un intento de los europeos de esa época de glorificar sus propios esfuerzos por obtener el control del continente africano.

De hecho, James Gordon Bennett Jr., dueño del *New York Herald*, contrató al reportero para buscarlo. Bennett quería, y obtuvo, un reportaje periodístico interesante. Pero Livingstone, generoso por naturaleza, pensó que la inversión del editor en dinero, tiempo y energía era, en verdad, un gesto espléndido. Como lo explicó con modestia: "Esta benevolencia desinteresada del señor Bennett, realizada con tal nobleza por el señor Stanley, fue simplemente sobrecogedora."

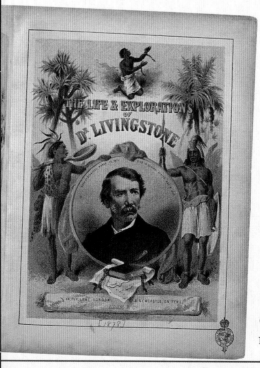

BUEN COMPAÑERO

Desde el principio, Stanley y Livingstone disfrutaron de su mutua compañía y al parecer sacaron a relucir lo mejor de cada uno. La admiración fue recíproca; tenían humor parecido y acabaron siendo los mejores compañeros. Con la llegada de Stanley y por los suministros que llevaba, la salud y el ánimo de Livingstone empezaron a mejorar. Pero en varios aspectos eran muy diferentes.

Para empezar, había una gran diferencia de edades; Stanley era casi treinta años menor que Livingstone. Sus raíces tampoco eran afines. Livingstone, pese a su origen humilde, nació en lo que, en el siglo XIX, era una familia integrada, tradicional. En cambio, Stanley, de Gales del Norte, creció en un orfanato victoriano, en condiciones terribles. Así que no es de sorprender que Stanley pronto percibiera a Livingstone como una imagen paterna.

Unos cuantos días después de la llegada de Stanley a Ujiji, los dos salieron juntos a explorar en canoa una parte del Lago Tangañica. Uno de sus principales objetivos era descubrir si cierto río corría desde el lago

¿SABÍAS QUE...? DESPUÉS DE SU FAMOSO ENCUENTRO CON LIVINGSTONE, STANLEY EXPLORÓ LA REGIÓN DEL CONGO APOYADO POR EL REY LEOPOLDO II DE BÉLGICA. BAJO EL GOBIERNO DE LEOPOLDO SE EXPLOTÓ SIN MISERICORDIA AL PUEBLO Y LOS RECURSOS DEL CONGO, UN CAPÍTULO CRUEL DE LA HISTORIA DEL IMPERIALISMO EUROPEO.

Tangañica hasta el lago Alberto y de ahí hacia el río Nilo. Sin embargo, las investigaciones demostraron que el río sólo fluía dentro del lago Tangañica.

Ninguno dejó que su hallazgo los desalentara y decidieron seguir hacia el este hasta Unyanyembe. Este recorrido les tomó siete semanas.

> **Su amabilidad nunca lo abandona, su esperanza nunca decae… aunque su corazón suspira por su hogar.**
> H. M. STANLEY

Livingstone había esperado para recibir un gran embarque de provisiones en Unyanyembe; le preocupaba ver que sólo le quedaban unas cuantas cosas. Una banda de asaltantes había atacado y sólo le dejaron algunas camisas y unas botas.

Ahí tampoco parecía haber lugareños que estuvieran entrenados para trabajar como cargadores en otro viaje para descubrir el origen del Nilo. Stanley de inmediato se ofreció como voluntario para ir a Zanzíbar a fin de encontrar a los hombres apropiados. Se despidió de Livingstone después de haber disfrutado alrededor de cuatro meses de su compañía. Livingstone le dio a Stanley una bolsa de yute que llevaba cosidas en su interior varias cartas y algunos diarios personales para que los entregara en Inglaterra.

Stanley cumplió su palabra y mandó cargadores de Zanzíbar, quienes llegaron a donde estaba Livingstone cerca de cinco meses después. Stanley viajó a Inglaterra, donde se enteró de que él también se había hecho famoso. Entonces, con apoyo del periódico inglés *Daily Telegraph* y de Bennett, desde Estados Unidos, regresó a África, donde siguió una carrera extraordinaria como explorador.

INFORME DE SALUD

Livingstone tenía una salud muy precaria cuando Stanley lo encontró. Entre otros problemas, la desnutrición le había provocado problemas con los dientes. Se le estaban cariando, así que decidió extraérselos.

El método que usó fue brutal, pero funcionó. Simplemente amarraba el extremo de un cordel a un diente cariado, el otro extremo al tronco de un árbol, y después golpeaba el cordón con un palo para extraerlo. Otros de sus problemas eran úlceras en los pies, fiebres constantes y disentería.

NUNCA DIGAS MORIR

En uno de los acontecimientos más impresionantes durante sus muchos años en África, Livingstone fue atacado por un león. La bestia lo hirió, y nunca más pudo levantar su brazo izquierdo por arriba de su hombro. Uno de los sirvientes de Livingstone mató al león de un disparo.

Livingstone viaja en una carreta tirada por bueyes cerca de la estación que estableció en Mabotsa. Ahí se encontró con algunos de los habitantes que, en un principio, como es natural, se mostraron recelosos.

YA DÉBIL POR EL VIAJE, LIVINGSTONE LOGRÓ SOBREVIVIR AL ATAQUE DE UN LEÓN EN ÁFRICA; TAMBIÉN SE LAS ARREGLÓ PARA SORTEAR MUCHAS OTRAS DIFICULTADES.

"Asustado, al voltear vi al león justo cuando saltaba sobre mí... gruñendo de modo horrible cerca de mi oído; me sacudió como un perro terrier a una rata."

Así es como Livingstone registró el terrible ataque de un león poco después de llegar a África. En verdad no fue un comienzo ideal de su trabajo como misionero.

Aunque sorprendido por el ataque, no sucumbió al pánico. Su instinto le dictó que se quedara muy quieto, y esto le salvó la vida. Las propias palabras del misionero describen mejor lo ocurrido: "Al voltear para quitarme el peso de encima, pues tenía una garra en la parte posterior de mi cabeza, vi que volteaba hacia Mebalwe [un cargador], que intentaba dispararle a una distancia de entre nueve y trece metros... el león me soltó inmediatamente, atacó a Mebalwe y le mordió el muslo."

"Otro hombre, a quien yo le había salvado la vida después de que un búfalo lo tumbó, trató de clavarle una lanza mientras mordía a Mebalwe... pero en ese momento el balazo que [el león] había recibido hizo efecto y cayó sin vida."

FIRMEZA

En otra ocasión, una banda de nativos africanos armados casi matan a Livingstone. Afortunadamente, tenía un

> *Estaba en una colina pequeña; el león me atrapó por el hombro cuando saltó sobre mí, y los dos caímos juntos.*

revólver; y aunque apenas se reponía de un debilitante ataque de fiebre reumática, Livingstone se mantuvo firme y usó el arma para disuadir al jefe de la aldea, que pronto entendió el mensaje. Como escribió Livingstone después: "Ver seis cañones apuntando a su estómago y mi gesto amenazante clavándole la mirada al parecer cambió de pronto sus ansias bélicas." Livingstone abrió fuego y el grupo de aldeanos retrocedió. Afortunadamente, nadie resultó herido.

Pese a lo bien intencionado que pudiera haber sido Livingstone, no es raro que varios africanos vieran al explorador como intruso; después de todo, él estaba en el territorio de ellos. A algunos que le hicieron la vida difícil los describió como "ladrones incorregibles."

También hubo mentiras. En Zanzíbar, uno de los cargadores de Livingstone inventó que el misionero había muerto cerca del lago Nyasa. La falsa noticia llegó hasta Londres. Todos los periódicos ingleses publicaron el obituario de Livingstone y en la capital las banderas se izaron a media asta por la supuesta muerte. El rumor fue desmentido luego que sir Roderick Murchison financió la construcción de un barco para ir a buscarlo y lo encontraron vivo y disfrutando de buena salud.

PENURIAS FAMILIARES

Entre los momentos más dolorosos que Livingstone vivió en África estuvieron la enfermedad y muerte de algunos miembros de su familia. En 1850, Mary dio a luz a su cuarto hijo, una niña, pero ésta enfermó y murió seis semanas después. Livingstone anotó en su diario: "Fue la primera muerte en nuestra familia, pero es posible que hubiera sucedido igual si hubiésemos estado en casa, y ahora tenemos a uno de los nuestros en el cielo." Le escribió a su suegro: "Fue como desgarrarse las entrañas al verla abrazar al rey de los terrores [la muerte]."

Otros de sus familiares también se enfermaron.

¡TRIUNFOS!

Una cruz y un mapa de África decoran un monumento en Ujiji, donde Stanley rescató a Livingstone.

Dos meses después de la muerte de Livingstone se cerró el mercado de esclavos en Zanzíbar.

Esta estatua se erigió en las cataratas Victoria, mismas que Livingstone descubrió.

Durante una expedición Livingstone se perdió debido a que sus cronómetros se dañaron y su sextante se averió, lo que provocó una confusión con la dirección y las distancias.

La bebé, Anna Mary, nació sana en la misión de Kuruman, pero la enviaron a Escocia a vivir con la madre de Livingstone, para entonces viuda. Él no volvió a ver a su hija hasta que ella había cumplido cinco años. El explorador extrañaba mucho a su familia. En ese tiempo su propia salud era un problema constante.

PODER POLÍTICO

Cuando Livingstone comenzó sus viajes por el sur de África a principios de la década de 1840, era uno de los pocos viajeros en la región. Sin embargo, con el tiempo, más viajeros y colonizadores llegaron a África, y la lucha por el poder sobre el continente se intensificó.

Livingstone con su esposa y su familia en el lago Ngami. Lo había descubierto un año antes, en 1849, pero entonces decidió que era mejor marcharse, pues los nativos eran muy hostiles.

Mary tuvo un ataque que le paralizó parte de la cara; además la malaria era una amenaza constante. Los miembros de la familia dormían muy poco y amanecían cubiertos de picaduras de mosquitos. Ésta fue una de las razones por las que en 1852 decidió enviar a la familia de regreso a Inglaterra, poco después de que nació su quinto hijo, William Oswell Livingstone.

Mientras ella y su esposo regresaban a África en 1858, Mary se percató de que otra vez estaba embarazada.

Las belicosas culturas nativas siempre eran una amenaza, pero Livingstone también tenía razones para cuidarse de los hostiles traficantes de esclavos. Todo eso afectaba los intereses británicos.

En 1872, Henry Morton Stanley fue a Zanzíbar para reclutar un grupo de hombres que ayudaran a Livingstone en sus expediciones. Este grabado muestra a Stanley y su comitiva en una reunión con el sultán.

Una época especialmente difícil para Livingstone llegó en 1861, cuando promovía sin éxito que parte del sur de África fuera una colonia británica.

LIVINGSTONE SE HORRORIZÓ AL OBSERVAR CÓMO DOS ALDEANOS FUERON APRESADOS, DESCUARTIZADOS VIVOS Y LANZADOS A UN RÍO EN BAROTSELAND (AHORA ZAMBIA). NO SE LES HABÍA PROBADO CRIMEN ALGUNO, PERO ERAN SOSPECHOSOS DE CONSPIRAR CONTRA EL JEFE DE LA TRIBU.

Livingstone hizo sus recorridos bajo condiciones ambientales difíciles. Esta fotografía aérea reciente muestra el desierto de Kalahari, que Livingstone cruzó en 1849.

> **Las escenas terribles de la inhumanidad del hombre me causan intenso dolor de cabeza.**

Livingstone alentó a un grupo de misioneros para que fueran a las tierras altas de Shiré, donde hoy es Malawi. Poco después de haber llegado, los misioneros se hallaron en medio del fuego cruzado de una guerra entre los nativos. Luego, un encuentro con los traficantes de esclavos se tornó violento, y Livingstone mismo tuvo que tomar las armas. Más tarde, el líder de la misión murió por una enfermedad, y otros por la fiebre. Acusado de no informar a los recién llegados sobre los riesgos que corrían, la reputación de Livingstone sufrió un fuerte golpe.

Entre los que más se oponían a la influencia de los ingleses en la región estaban los bóers, emigrantes holandeses establecidos en África como agricultores. Livingstone no aprobaba la manera en la que los bóers trataban a los africanos negros, como si éstos fuesen de su propiedad personal. También detestaba las actitudes racistas de los bóers, en especial la idea que tenían de que no se podía educar a los negros. Los negros sudafricanos no se liberaron del gobierno blanco y de la carga de su legado racista hasta la década de 1990, más de un siglo después.

Henry Morton Stanley dibujó el boceto original del cual harían después este grabado en madera. Muestra a Livingstone atravesando un río desbordado, ayudado por sus sirvientes. Sin su ayuda, seguramente se habría ahogado en el intento.

LLEGADA A LAS CATARATAS

Algunas notas en los diarios de Livingstone que describen el Zambezi indican que siempre llevó registros muy minuciosos de cuándo y qué había visto.

LIVINGSTONE DIJO SER EL PRIMER EUROPEO QUE VIO LA MARAVILLA NATURAL QUE SON LAS CATARATAS VICTORIA, ESTRUENDOSA CORTINA DE AGUA QUE CAE AL ZAMBEZI.

Situadas en el límite entre Zambia y Zimbabwe, y tan grandes que se ven mejor desde el aire, las cataratas Victoria son, sin duda, la máxima atracción turística de África. Son imponentes; se encuentran entre las más espectaculares del mundo. Las cuatro cascadas de las Victoria miden en conjunto casi 1.6 km de ancho y caen por 122 m hasta una profunda cañada y al río Zambezi.

David Livingstone llegó por primera vez al río Zambezi el 4 de agosto de 1851. Éste es una inmensa vía fluvial que corre regular y abundantemente en época

En un detalle de una obra de Baines, parte del lecho del Zambezi, seco por el estiaje. Cerca de ahí, Livingstone descubrió las cataratas que bautizó en honor de la reina Victoria.

de lluvias. Livingstone se asombró al encontrar un cauce de agua que fluye con tal rapidez en ese punto tan al centro de África.

Años más tarde, al aventurarse a lo largo del alto Zambezi con una flota de 33 canoas, con Sekeletu, el jefe makololo, y 160 de sus guerreros, pasaron por muchas aldeas. Tanto Livingstone como el jefe Sekelutu habían oído hablar de una gran cascada sobre el Zambezi, pero ninguno de los dos estaba preparado para ver la caída de agua coronada por un arco iris que los recibió.

El 17 de noviembre de 1855 el misionero registró en su diario que se detuvieron en una de las numerosas islas de un archipiélago del Zambezi. Ahí se recostó para contemplar esta maravilla. Así fue descrita por David

¿SABÍAS QUE...?

EN TIEMPOS PREHISTÓRICOS, ÁFRICA, SUDAMÉRICA Y ANTÁRTIDA FORMABAN UN GRAN CONTINENTE QUE LOS CIENTÍFICOS LLAMAN GONDWANA. HACE UNOS 180 MILLONES DE AÑOS, PODEROSAS FUERZAS DEL INTERIOR DE LA TIERRA DIVIDIERON ESA MASA Y SE CONFORMÓ EL HEMISFERIO SUR COMO LO CONOCEMOS HOY EN DÍA.

Livingstone después: "Fue el espectáculo más maravilloso que haya presenciado en África."

Para Livingstone, "la cortina [de agua] blanca como la nieve semejaba miríadas de pequeños cometas precipitándose en la misma dirección, cada uno dejando tras de sí estelas de espuma".

Se piensa que Livingstone fue el primer europeo que vio las cataratas. Los africanos las llamaban Mosi-oa-tunya, que significa 'el humo que retumba', frase que describe con precisión tanto su sonido como su apariencia.

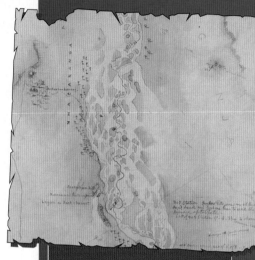

Este mapa trazado por Thomas Baines muestra la ruta de un bote pequeño por el Zambezi rumbo a un asentamiento en Tete (hoy Mozambique). Se debe haber requerido gran destreza para navegar entre tantas islas.

Esta magnífica fotografía aérea es tan impresionante que casi se puede oír el estruendo de las cataratas Victoria cuando caen al río Zambezi por una pared de más de 122 m.

Cuando Livingstone vio los rápidos de Kebrabasa pensó que se podía navegar en ellos si se dinamitaban las rocas, pero fue imposible. Unas rocas subían hasta 30 m sobre el río. Su esperanza de continuar por el río Zambezi hasta las cataratas Victoria se frustró y prefirió explorar sus tributarios.

Esta pintura de Thomas Baines representa al cuarto río más largo de África. Su longitud total es de casi 3540 km.

Livingstone les dio su nombre en inglés en honor de la monarca británica, la reina Victoria. Ésta fue la forma en que le agradeció todo el apoyo moral que le había brindado.

Hoy se sabe que las cataratas Victoria son las sextas en el mundo por su volumen de agua –derraman casi ocho millones de litros por segundo hacia el río.

El efecto de múltiples arco iris que con frecuencia se disfruta en las cataratas se debe al juego de luces del agua al caer. Su sonido casi ensordecedor se puede oír a muchos kilómetros de distancia. Más de 500 000 visitantes contemplan esta maravilla natural cada año.

Pero el turismo masivo se ha vuelto una bendición paradójica. Por una parte, esta región de África necesita los ingresos que aportan los visitantes, pero por otra el ambiente, espléndido en la época de Livingstone, hoy se ve amenazado. Emisiones tóxicas de vehículos, radios con volumen alto, detergentes y basura derramados en el río representan en la actualidad un riesgo ambiental grave para la zona.

Las cataratas Victoria no fueron las únicas aguas que bautizó Livingstone.

No sólo los rápidos de Kebrabasa eran infranqueables, también los riscos eran muy empinados y calientes al tacto. No es raro que Livingstone finalmente decidiera abandonar esta ruta.

UNA VEZ PASADO EL ASOMBRO, DAVID LIVINGSTONE QUISO MEDIR LAS CATARATAS VICTORIA. SIN EMBARGO, COMO ALGUNOS DE SUS INSTRUMENTOS SE HABÍAN DAÑADO Y HABÍA OLVIDADO CÓMO UTILIZAR OTROS, RECURRIÓ AL CÁLCULO DEL ANCHO Y LA PROFUNDIDAD, PERO SUS APRECIACIONES SE QUEDARON CORTAS.

> *Nunca antes habían sido vistas por ojos europeos; pero espectáculos tan fascinantes [como las cataratas Victoria] deben haber sido vistos antes por los ángeles en vuelo.*

A sugerencia suya, una corriente de 53.1 km de largo se nombró oficialmente los rápidos Murchison, en honor de otro de sus benefactores, sir Roderick Murchison.

¿DESCUBRIMIENTO?

En realidad, ningún europeo 'descubrió' las cataratas Victoria. Los africanos que vivían en la región ya las conocían muy bien. Lo que queremos decir cuando indicamos que un explorador famoso 'descubrió' algo en África es que él o ella fue el primero en hacerlo conocer al resto del mundo.

Uno de los libros de Livingstone, *Narración de una expedición al Zambezi y sus tributarios*, sin duda tuvo gran éxito por la afirmación del misionero de que había sido el primer europeo que exploró este gran río. Sin embargo, hay historiadores que piensan que los exploradores portugueses pudieron haber estado ahí desde el siglo XVI.

Una vez que encontró el Zambezi, Livingstone quería dinamitar las rocas en uno de sus tramos para "abrir las puertas que lo habían obstruido por siglos". Pero su esperanza de navegar el río entero no se concretó. Los rápidos de Kebrabasa, donde hoy está ubicada la inmensa planta de energía Cabora Bassa de Mozambique, fueron para Livingstone una barrera infranqueable.

HUELLA QUE DURA

Una de las maravillas naturales del mundo, las cataratas Victoria son tan majestuosas actualmente como lo fueron cuando Livingstone las vio por primera vez. Su estruendo se puede oír a 40 km de distancia y la espesa neblina que produce el agua al caer es más densa al comienzo del año y durante la época de lluvias. Sus escritos sobre África, sus esfuerzos constantes para terminar con el tráfico de esclavos y la preocupación por promover el comercio dentro del continente dejaron una huella perdurable. Los países africanos que conocemos hoy obtuvieron su independencia mucho después. Desde fines del siglo XIX y durante la primera mitad del siglo XX, África estuvo dominada por los imperios coloniales creados por Inglaterra, Francia, Italia, Alemania, Portugal, España y Bélgica.

Esta escultura, titulada *Misericordia*, es una de las muchas que muestran aspectos de la vida de Livingstone. Se exhibe en el Monumento Nacional Escocés dedicado a él.

DECIDIDO HASTA EL FIN

LAS EXPEDICIONES DE LIVINGSTONE EN ÁFRICA ERAN CARAS Y PELIGROSAS; MUCHOS CUESTIONABAN SU UTILIDAD, PERO SIN DUDA FUE VALIENTE Y OBTUVO MUCHOS LOGROS.

"Continuaré con el trabajo a pesar del veto de la junta. Si es de acuerdo con la voluntad de Dios, los recursos procederán de otros lugares."

Cuando escribió estas palabras en una carta a un amigo, Livingstone acababa de enterarse de que la Sociedad Misionera de Londres iba a dejar de financiar sus expediciones en África. La pérdida de ese apoyo podría haber desalentado a otro; no obstante, Livingstone, como solía hacerlo, no se rindió.

RENUNCIA FORZADA

Que la Sociedad Misionera de Londres quitara su apoyo a Livingstone en 1857 no fue del todo sorpresivo. Su tarea para cristianizar africanos no había sido muy fructífera. Además, la Sociedad había sobrepasado su presupuesto el año anterior, y estaba en un predicamento financiero.

Livingstone sintió que tenía que renunciar a la Sociedad; pero como eterno optimista que era, confiaba en que los fondos llegarían de alguna forma. Y, en efecto, así sucedió, gracias a la ayuda de un buen amigo, sir Roderick Murchison, presidente de la Real Sociedad Geográfica, científico importante y admirador del trabajo de Livingstone.

Murchison se propuso presentar el trabajo de Livingstone al conde de Clarendon, secretario del Exterior del gobierno británico en ese tiempo.

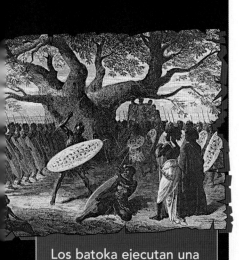

Los batoka ejecutan una danza ritual. Livingstone admiraba muchas de sus costumbres.

> ## *Es un error creer que cualquiera, por ser piadoso, será buen misionero. Los pioneros, en todo, deberían ser los más capaces y los más aptos.*

Lord Clarendon ayudó mucho a Livingstone, a quien le fue otorgada una donación para "explorar África oriental y central, para promover el comercio y la civilización con el propósito de detener el tráfico de esclavos".

ROCES PERSONALES

Algunas de las cualidades de su personalidad que sirvieron a Livingstone para sobrevivir ante grandes adversidades también lo hacían difícil de tratar. Igualmente, algunos de los europeos que contrató eran personas difíciles.

Norman Bedingfeld, un oficial naval de alto rango, contratado como navegante para el viaje al Zambezi, que inició en 1858, demostró ser muy engreído y no tenía delicadeza para dar órdenes.

Livingstone lo describió como "tonto y mentiroso, además de excesivamente ostentoso de su piedad".

Cuando Bedingfeld fue destituido, se disgustó tanto que se quejó con el Almirantazgo. Pero Livingstone se mantuvo firme, le escribió a Bedingfeld en términos sarcásticos y al mismo tiempo divertidos: "Con el cambio de clima, suele haber una condición peculiar de las vísceras que hace que las personas imaginen todo tipo de cosas acerca de otros... pruebe un poco de medicina purgante ocasionalmente y verá que es mucho más tranquilizante que escribir cartas oficiales."

Ya sin Bedingfeld, el vapor de ruedas *Ma Robert* no tenía navegante oficial, pero Livingstone ocupó su lugar. No tenía experiencia como timonel, pero se las arregló para conducir el barco a lo largo de 2414 km.

A Livingstone también le resultó difícil llevarse bien con Thomas Baines. La situación se tornó pesada cuando Baines fue acusado de saquear las provisiones y venderlas a los portugueses. La causa del conflicto era verdaderamente insignificante, pues sólo faltaba un poco de azúcar y una tira de lona.

La escultura llamada *Valor* muestra el desafío que fue para Livingstone encontrar pueblos que no lo conocían.

Livingstone alentó a los pueblos africanos que conoció a desarrollar sus habilidades comerciales.

Baines fue acusado por Charles Livingstone, hermano del misionero, al que casi todos consideraban desagradable, pretencioso y flojo. Era de trato difícil y hasta su hermano decía que fallaba en la mayoría de sus trabajos: "Como asistente, no me ha servido. Su fotografía es muy deficiente. Su magnetismo, más. Sus observaciones metereológicas no son creíbles."

Escultura del Monumento a Livingstone, en Escocia, donde lee la Biblia a unos africanos.

¿DEMASIADO LEJOS?

Livingstone era cristiano y, como tal, respetaba el domingo como día de descanso y por lo general insistía en que nadie trabajara en domingo. Pero fue tal la presión para ensamblar el *Ma Robert* que dejó de lado este principio. Como de costumbre, cuando se enfrentaba a un gran reto, Livingstone encontró una manera de justificar sus acciones: "La gente, escucho, me culpa de esto, pero me hubiera culpado mucho más si hubiera arruinado casi toda la expedición."

Pero la crítica más dura hacia David Livingstone quizá fue la expresada por John Kirk en 1862, cuando el misionero intentó navegar por lo que Kirk consideraba un río intransitable: "No puedo comprender la obsesión que lo ciega... hacer que los botes se atasquen en un río donde no pueden flotar y de donde pronto será imposible regresar. Parece locura... la única conclusión a la que puedo llegar es que el doctor Livingstone no está en sus cabales."

Aun así, los exploradores mostraron perseverancia y arrojo cuando recorrieron zonas desconocidas de nuestro planeta.

Una escultura de Livingstone y su familia, en la que muestran cómo se reza a la manera europea.

Preguntas y controversias

Hay muchos aspectos en los viajes de David Livingstone que parecen controversiales y por lo tanto apropiados para un debate. Las preguntas que siguen se pueden usar como guía para la discusión en clase.

1 ¿Tenía derecho Livingstone a tratar de convertir a los nativos africanos al cristianismo, o debía respetar sus creencias?

2 Describe algunos de los peligros con los que Livingstone se topó en África. ¿Cómo los enfrentó? ¿Hizo lo correcto al someter a su esposa y a sus hijos a esos riesgos? ¿Qué medidas tomó para protegerlos?

3 ¿Qué contribución hizo Livingstone a la abolición del tráfico de esclavos en el continente africano?

4 ¿Qué opinión tenía Livingstone sobre la protección de la vida salvaje en África? ¿Crees que mantuvo siempre sus principios en esta materia? Sí, no, ¿por qué?

5 ¿Cuánto éxito obtuvo Livingstone como misionero? ¿Crees que la Sociedad Misionera de Londres estuvo en lo correcto al suprimir el apoyo que le brindaba para realizar su trabajo?

6 ¿Cómo obtuvo Livingstone el apoyo del gobierno británico? ¿Por qué crees que el gobierno estuvo dispuesto a ayudarlo?

7 ¿Qué es el imperialismo? ¿Por qué muchos de los grandes poderes de Europa querían colonias en África?

8 ¿Hasta qué punto ayudó el trabajo de Livingstone a que los ingleses establecieran un imperio en África?

9 ¿Quiénes fueron sus mejores amigos entre los africanos? ¿Por qué le simpatizaban tanto, y por qué lo admiraban?

10 ¿Cuáles piensas que fueron los fracasos más grandes de Livingstone, si es que los hubo?

11 ¿Qué significa cuando se dice que Livingstone "descubrió" las cataratas Victoria? ¿Es eso preciso? ¿Por qué les dio ese nombre?

12 ¿Qué intentaba lograr Livingstone durante sus últimos años en África? ¿Qué tanto logró?

13 Si tuvieras que crear un nuevo monumento para honrar la memoria de Livingstone, ¿qué forma tendría y dónde lo pondrías?

14 ¿Cuáles son los problemas a los que ahora se enfrenta África? En general, ¿piensas que durante el periodo de exploración y dominio de los europeos mejoraron o empeoraron las cosas para los pueblos africanos?

EN ESA ÉPOCA

Mientras Livingstone exploraba África, abría rutas comerciales, intentaba detener el tráfico de esclavos y convertir africanos al cristianismo, muchos sucesos importantes ocurrían en Europa, América y otras áreas del mundo. En la lista de la derecha aparecen algunos de ellos.

Veamos.

1810 Tres años antes de que naciera Livingstone, Miguel Hidalgo declara abolida la esclavitud en México, y por primera vez en América, lo que ratificó José María Morelos en *Los sentimientos de la nación*, en 1813.

1857 En México se promulga una constitución liberal elaborada por Benito Juárez, entonces ministro de Justicia del gobierno de Ignacio Comonfort.

1859 Charles Darwin publica su teoría de la evolución en *El origen de las especies*.

1860 Abraham Lincoln, cuya política iba contra la esclavitud y en favor de la Unión, es elegido presidente de Estados Unidos.

1861 En cumplimiento del Convenio de la Soledad, Francia decide invadir México y envía en su nombre al archiduque austriaco Maximiliano de Habsburgo para que gobierne como emperador.

1861 En Estados Unidos, entidades del sur donde hay esclavos se separan de la Unión y establecen una Confederación, lo que constituye un preludio de la Guerra Civil o de Secesión.

1862 El 5 de mayo, al mando del general Ignacio Zaragoza,

Caricatura del naturalista británico Charles Darwin, que satiriza su teoría de que el hombre es pariente de los simios.

el ejército mexicano derrota en Puebla a las tropas francesas que pretendían consumar la ocupación de México.

1863 Proclamación de la Emancipación que libera a la mayoría de los esclavos del sur de Estados Unidos.

1867 En Europa, Karl Marx publica *El capital*, libro clave en la historia del comunismo.

1867 Concluye el efímero imperio de Maximiliano, que es fusilado en el Cerro de las Campanas (Querétaro) el 19 de junio, y Benito Juárez reasume el poder.

1877 Porfirio Díaz asume por primera vez la presidencia de la República.

A TRAVÉS DE LOS AÑOS

- La reina Victoria le concedió una audiencia a Livingstone como muestra de que Gran Bretaña veía con buenos ojos sus actividades en África.

Este detalle fue tomado de un nuevo retrato de Livingstone, basado en fotografías del explorador.

- Se le otorgó a Livingstone la Libertad de la Ciudad de Edimburgo, Escocia, el 21 de septiembre de 1857, en reconocimiento a la perseverancia que demostró durante sus viajes por África.

- La Real Sociedad Geográfica dio a David Livingstone su Medalla de Oro como reconocimiento a sus triunfos.

- Los órganos vitales de Livingstone fueron enterrados bajo un árbol en una aldea africana. Una inscripción grabada sobre un pedazo del tronco de ese árbol forma parte de la colección de la Real Sociedad Geográfica.

- La Abadía de Westminster recibió el cuerpo de Livingstone después de que fue llevado a Inglaterra. Muchos ciudadanos famosos descansan ahí, entre ellos Charles Darwin.

- Algunas de las palabras pronunciadas por Livingstone en una entrevista concedida al *New York Herald* se pueden leer en su lápida. La inscripción dice: "Abundantes bendiciones del Cielo para todos, americanos, ingleses, turcos, los que ayudarán a curar esta dolorosa herida del mundo."

- En Blantyre, su ciudad natal, cerca de Glasgow, Escocia está el reconocido Centro David Livingstone. El edificio del siglo XVIII exhibe objetos relativos a sucesos que van desde sus primeros años, incluso el departamento de una sola pieza donde vivió parte de su niñez.

- El Centro Livingstone también muestra algunos de sus descubrimientos y su trabajo como misionero en África. Se pueden ver algunos instrumentos de navegación y su equipo médico.

"Has logrado más para la prosperidad de la humanidad que lo que han hecho, hasta el día de hoy, todos los viajeros a África juntos." Éste fue el panegírico que recibió David Livingstone de parte de un amigo, el astrónomo real Thomas Maclear. Livingstone recibió muchos honores durante su vida y después de su muerte.

GLOSARIO

ACAUDALADO: se dice de la persona que tiene mucho dinero.

ARCHIPIÉLAGO: grupo de islas en un mar o río.

ASTRÓNOMO: científico que estudia las estrellas, los planetas, y otros aspectos del espacio.

BAUTIZAR: 1) sacramento por el que se admite a una persona dentro de la comunidad cristiana. 2) Poner cierto nombre a una cosa o a una persona.

BÓERS: se aplica a los colonos holandeses establecidos en África del sur a mediados del siglo XVII. Entre 1899 y 1902 estuvieron en guerra con los británicos.

BOTÁNICO: especialista que estudia la vida vegetal.

CARAVANA: grupo numeroso de personas que viajan o se desplazan unos tras otros.

CATARATA: caída de mucha altura y volumen de agua en el curso de un río.

CIVILIZADO: que tiene alto nivel de desarrollo tecnológico y de cultura.

COLONIA: estado o asentamiento subordinado a un país extranjero.

COMERCIO: compra y venta de bienes.

CONVERSOS: personas que han cambiado de una religión a otra, especialmente cuando se han convertido al cristianismo.

CORÁN: libro sagrado de los musulmanes.

CRONÓMETRO: instrumento para medir el tiempo con gran precisión.

DESFILADERO: cañón profundo.

DHOW: barco árabe, en una época utilizado para transportar esclavos.

DISENTERÍA: una infección severa que afecta los intestinos.

ECONÓMICO: relativo a la producción, distribución y consumo de bienes y servicios.

EMIGRANTE: alguien que abandona su país para vivir en otro.

EMINENTE: que se considera como bien pensado o superior.

ESCLAVO: persona que carece de libertad por estar bajo el dominio de otra.

EVANGELISTA: seguidor del Evangelio.

EXPEDICIÓN: viaje con un fin específico.

EXPLORAR: recorrer un territorio para conocerlo o investigarlo.

EXPLOTADO: algo o alguien de quien una persona obtiene ventaja.

EXTINCIÓN: desaparición de una especie animal o vegetal.

FERMENTACIÓN ALCOHÓLICA: transformación de los azúcares, por enzimas microbianas, en alcohol.

FIEBRE REUMÁTICA: enfermedad que generalmente se presenta en niños y puede provocar daño permanente al corazón.

GONDWANA: una gran masa de tierra que en la era primaria comprendía América del Sur, África, Arabia, India, Australia y la Antártida.

HEMISFERIO: la mitad del globo terráqueo, dividido por el centro, ya sea en el Ecuador (para formar los Hemisferios Norte y Sur) o en un meridiano (para formar los Hemisferios Oriental y Occidental).

HUMANITARIO: persona bondadosa que promueve el bienestar de los demás.

ILUSTRADO: individuo liberado de la ignorancia y con total entendimiento de sus problemas.

IMPERIALISMO: actitud de quienes practican la extensión del dominio de un país sobre otro por medio de la fuerza militar, económica y política.

MALARIA: enfermedad que se manifiesta con escalofríos y fiebre. Es transmitida a los humanos por un tipo de mosquito.

MANUFACTURA: obra hecha a mano o con la ayuda de una máquina.

MARFIL: sustancia dura y blanca de la que se componen los colmillos de los elefantes.

MISIÓN: evangelización realizada por miembros de la Iglesia cristiana en pueblos no cristianos. También, el sitio donde trabaja un misionero.

MISIONERO: alguien que se dispone a convertir a otros al cristianismo.

MUSULMÁN: devoto de la religión islámica.

NATURALISTA: Persona que se dedica al estudio de los minerales, animales o plantas. Su presencia era frecuente en los viajes de exploración de los siglos XVIII y XIX.

OBITUARIO: noticia en el periódico que informa de la muerte de una persona y, a veces, destaca su trayectoria.

PALIATIVO: algo que sólo alivia el dolor o los síntomas de una enfermedad.

PIEDAD OSTENTOSA: demostración exagerada de las creencias religiosas.

RACISMO: forma de pensar que afirma la superioridad de un grupo racial respecto a los demás y que promueve la separación de estos grupos dentro de un país, e incluso la eliminación de alguno.

SAFARI: expedición de caza mayor, especialmente la que tiene lugar en África.

SAQUEO: toma o robo de algo por la fuerza.

SEXTANTE: instrumento científico de reflexión para medir distancias angulares usado por los navegantes para determinar su posición. El limbo graduado abarca 60°, lo que permite medir la altura de los astros desde la nave.

SULTÁN: príncipe o gobernante islámico.

TRIBUTARIOS: arroyos que alimentan un río o un lago.

VAPOR: embarcación movida por una máquina de vapor; barco de vapor.

YUGO: instrumento de madera que se coloca alrededor de la cabeza o del cuello (por lo general, usado en el ganado).

PARA SABER MÁS

LIBROS

Giraud, Víctor, *Estuche África Misteriosa: En busca del doctor Livingstone: Los lagos del África Ecuatorial,* (2 vols.), Editorial Timun Mas, 1999.

Livingstone, David, *El último diario del doctor Livingstone,* Madrid, Editorial Miraguano, 2000.

Livingstone, David, *El último diario del doctor Livingstone,* Barcelona, Editorial Distresa, 2000.

Stanley, Henry, *Viaje en busca del doctor Livingstone al centro de África,* Madrid, Editorial Miraguano, 1997.

Stanley, Henry, *En busca del doctor Livingstone,* Barcelona, Editorial Timun Mas, 1998.

Ventura, Piero y **Gian Paolo Ceserani,** *El viaje de Livingstone,* México, Libros del Rincón, 1991.

VIDEOS

Stanley and Livingstone (1939)
Película en formato VHS filmada en 1939
Director: Henry King
Actores: Spencer Tracy, Cedric Hardwicke, Nancy Kelly, Walter Brennan
Duración: 101 minutos

PÁGINAS DE INTERNET

"El doctor Livingstone, supongo"
http://perso.wanadoo.es/antarctica/Dr.%20Livingstone,%20supongo.htm

Protagonistas de la historia
http://www.artehistoria.com/historia/personajes/6806.htm